서정시학 서정시 159

옹이를 다듬다

강성희 사행시집

서정시학

강성희

경기도 안성 출생. 안성산업대 토목공학과 졸업. 중앙대학교 평생교육원 시창작반 수료.
2022년 『문학나무』로 등단.
시집 『빛을 물고 오다』, 『깻잎장아찌가 있는 부부의 밥상』, 『부드러운 게 좋아』, 『돌바위골 이야기』.
영광원자력발전소, 사우디아라비아 수로관 건설현장, 한강 뱃길 준설공사 후 안성시청에 근무.
한국문인협회, 안성문인협회, 한국시인협회 회원.
E-mail : butnim333@naver.com

서정시학 서정시 159
옹이를 다듬다

2025년 10월 15일 초판 1쇄 발행

지 은 이 · 강성희
펴 낸 이 · 최단아
편집교정 · 정우진
펴 낸 곳 · 도서출판 서정시학
인 쇄 소 · ㈜ 상지사
주 소 · 서울시 서초구 서초중앙로 18, 504호 (서초쌍용플래티넘)
전 화 · 02-928-7016
팩 스 · 02-922-7017
이 메 일 · lyricpoetics@gmail.com
출판등록 · 209-91-66271

ISBN 979-11-92580-65-4 03810

계좌번호: 국민 070101-04-072847 최단아(서정시학)
값 14,000원

* 잘못된 책은 바꾸어 드립니다.

시간을 대패질한다

시詩의 말머리
깊이 박힌 옹이 하나

대팻밥처럼 쌓이는 말의 씨앗들
—「옹이 다듬듯」

시인의 말

같은 듯 다른 날들

늘 새로워서 좋다

삶의 굽이굽이

메아리를 낚는다

2025년
강성희

차례

시인의 말 | 5

1부 동행

동행 | 15
책갈피 | 16
연인의 걸음나비 | 17
기찻길 2 | 18
부부 1 | 19
부부 2 | 20
부부 3 | 21
부부 4 | 22
부부 5 | 23
난방비 아끼려 | 24
셋방에서 | 25
아내의 생일 | 26
가을볕 아래 | 27
살림살이 | 28
두들겨야 살아난다 | 29
진료 대기 중 | 30
나무 시계 | 31
징검다리 | 32
세월은 자리이동 | 33
부르고싶다 | 34

2부 사람이 밉더라도

옹이 다듬듯 | 37
모교 운동장 | 38
귀한 손님 | 39
눈 좀 붙이자 | 40
분재 | 41
하지 마 | 42
장미 | 43
물속의 황사 | 44
천 리를 가는데 | 45
사람이 밉더라도 | 46
자욱길 | 47
마음공부 | 48
한겨울 터널 | 49
우짖다 | 50
별들의 회의 | 51
사과와 토마토 | 52
흔들리지 않는다 | 53
말이 없네 | 54
담 | 55
제비의 고향 | 56

3부 불타는 엉덩이

반달 | 59
홍매화 | 60
기다리는 봄 | 61
노란 아우성 | 62
웃음 1 | 63
웃음 2 | 64
웃음 3 | 65
돌고래 훈련 | 66
세상이 열리다 | 67
믿음 | 68
벗님 | 69
보아 주세요 | 70
한눈팔기 | 71
불타는 엉덩이 | 72
방아질 | 73
옷을 벗다 | 74
허수아비 | 75
노란 사랑 | 76
별난 집세 | 77
보금자리 | 78

4부 손맛

손맛 | 81
무에 좋아 | 82
거북이걸음 | 83
작은 우주 | 84
앞서거니 뒤서거니 | 85
개다리소반 | 86
귀가 막히다 | 87
귀이개 | 88
민둥머리와 모자 | 89
자전차 | 90
뭉치면 죽는다 | 91
흩어져야 산다 | 92
밟아 주세요 | 93
머리카락 | 94
물 | 95
외발 손수레 | 96
열아홉 누나 | 97
구멍 낸 고무신 | 98
커다란 고무신 | 99
무관심 | 100

해설 | 4행에 담아낸 인정 미담과 애향의 시편 | 이승하 | 101

옹이를 다듬다

1부

동행

지친 날개
따라 내린 기러기

곁에 있을게
네가 날 때까지

책갈피

오랫동안 꽂혀 있던 책을 펼친다

누런 책갈피에 마른 웃음

은행잎 단풍잎 장미꽃……

긴 머리 그녀가 웃고 있다

연인의 걸음나비*

한 칸은 답답하고 두 칸은 먼
기찻길 침목 사이

손잡고 걸어 봐
세상 끝까지 갈 수 있어

---

* 걸음을 걸을 때 앞발 뒤축에서 뒷발 뒤축까지의 거리.

기찻길 2

뚜벅뚜벅 갓길 걷는 사람은 행인
도란도란 침목을 걷는 사람은 연인

바삐 걸어도 멀기만 한 행인의 길
천천히 걸어도 너무 짧은 연인의 길

부부 1

모나게 부딪히는 말

쉼 없이 흐르는 강물처럼
평생을 토닥이고 녹여내어
둥글고 둥글어지는 물돌

부부 2

시소에 마주앉아
앞으로 한 발 뒤로 한 발

균형을 맞추며
서로 띄워 준다

부부 3

두동베개

전쟁이 일어나도
불같이 끌어안아도

무대는 한 이불

부부 4

양팔만큼
한 뼘만큼
손톱만큼

귀기울이며 차이를 좁혀간다

부부 5

혼밥에는
고추장에 김치 하나

마주앉아야
요것조것 풍성해지는 밥상

난방비 아끼려

손발로 톡톡, 툭툭

살가운 몸짓
무심한 척 옹그리다가
와락 안아주는 이불 속

셋방에서

쪽창 후려치는 눈 폭풍
아끼다 꺼져버린 연탄불

한몸으로 이불 두르고
밤을 지새우는 셋방

아내의 생일

—대가리와 꼬리도 주세요
—잘라 놓은 것도 있는데 드릴까요?

동태 한 마리에 대가리와 꼬리는 한 봉지
함지박만 하게 웃던 신혼 시절의 아내

가을볕 아래

벤치에 다소곳한 긴 머리
책갈피에 넣는 단풍잎 편지

유모차 밀고 나온 부부
아기 웃음처럼 내려앉는 은행₍銀行₎잎 통장

살림살이

신을 때는 두 집 살림

발가락 하나,
뒤꿈치 한 곳 구멍 나면

버릴 때는 한 살림

두들겨야 살아난다

지느러미 곧추세워 휘저은 바다
뜨겁게 건너온 북어의 시간들

옴팡지게 잡은 아내의 방망이
두들길수록 살아나는 깊은 맛

진료 대기 중
— 여자 이름

—강성희 님 들어가세요
 강성희 님이 맞으세요?

익숙해진 어색함, 습관적으로 웃는다

—예, 맞아요

나무 시계

나뭇가지에 걸린 달

작은 가지 위에 빛나면 한 시간
곧은 가지에 닿으면 두 시간

고향으로 흐르는 초병의 시간

징검다리

다릿돌에서 걷어 올리는 송사리

징검징검 건너온 세월

콘크리트 교각 아래 꼬물꼬물
시간을 거스르는 송사리 떼

세월은 자리 이동

마누라는 옆자리
아이들은 뒷자리

자동차 몇 번 바꾸었는데
어느새 아들놈이 운전석

부르고 싶다

엄마

어머니

엄니

산기슭에 피어 있는 도라지꽃

2부

옹이 다듬듯

시간을 대패질한다

시詩의 말머리
깊이 박힌 옹이 하나

대팻밥처럼 쌓이는 말의 씨앗들

모교 운동장*

청군 백군 500명이 달린다

100명이 달린다

전교생 10명이 소꿉놀이

풀들의 소꿉놀이

---

* 제3시집 『부드러운 게 좋아』에 수록.

귀한 손님

서둘러 피운 벚꽃 진달래
늦을세라 철쭉 아카시아 조팝꽃……
꿀단지 활짝 열었는데

사람들만 북적북적

눈 좀 붙이자

가로등 밑에 심긴 콩 깨
멀대처럼 허우대만 쑥쑥
뭘 바라누

당신들은 밤낮 안 가리지?

분재

몸통 옭아매는 굵은 철삿줄
뼈가 드러나도록 벗기는 피부

허리 한번 폈으면
발 한번 뻗었으면

하지 마

전선을 핑계로 멀쩡한 가지를
하수도 공사로 뿌리를 자르네
자동차 매연에 지끈거리는 머리

너라면 안 아프겠니?

장미

애당초 타고난 색이 있는데

검정 보라 파랑……

멋대로 주입되는 인공 색소

밤이면 미쳐 발광도 한다네

물속의 황사

바다 건너 날아오는 황사
자동차와 공장이 뿜어내는 매연

폐수 똥물이 쏟아지는 물속은 어쩔까나
마스크도 눈을 감을 수도 없는 물고기는

천 리를 가는데

물길을 막고
허리를 펴겠단다

뱀의 부드러운 척추
치닫는 산맥도 굽이치는데

…

사람이 밉더라도

멈추면 안 되겠니 바람아

올곧이 뿌리박은 나무들
산짐승 산새들까지 태워서야

비라도 사나흘 내리 퍼부었으면

자욱길*

산토끼 너구리 오소리 고라니
살금살금 엉금썰썰**
오줌똥으로 흔적을 남기는 길

발 딛지 마라, 숲속의 큰 길

---

* 가는 사람이 드물어 흔적이 날 듯 말 듯한 오솔길.
** 처음에는 굼뜨게 가다가 차차 재빠르게 가는 모양.

마음공부

먼 곳, 흔들리지 않는 초점

다섯 넷 셋 둘

한 발짝……

사정거리를 재는 왜가리

한겨울 터널

길게 빠져나가는 순간
거무스레 펼쳐진 살얼음
느닷없이 치고 들어오는 돌풍

검불처럼 미끄러지는 자동차

우짖다

까치 까마귀 개나 소나

막 말하는 사람
막말하는 사람
말 많은 사람

별들의 회의

동네 반상회도 아닌데
국민학교 동창회도 아닌데

나라 운명을 결정하는 별들의 회의
회의록도 없는 개소리괴소리*

---
* 개 짖는 소리와 고양이 우는 소리. 조리 없이 마구 지껄이는 말.

사과와 토마토

겉과 속이 빨간 토마토
무늬만 빨간 사과

여의도 사과밭 갈아엎고
토마토만 한가득 열렸으면

흔들리지 않는다

고줏대*에 의지하여 돌아가는 맷돌

집안도
나라도
줏대가 바로 서야

---

* 맷돌의 고줏구멍에 박아 놓은 나무나 쇠로 된 기둥. 윗돌이 이 기둥에 의지해 돌아간다.

말이 없네

서걱이는 풀잎 사운거리는 나뭇잎
나무들의 숨소리 휘파람 소리
밤새 뒤척이는 산등성이

산은 말이 없네

담

산울타리는 새들의 안식처
나무울타리에 개구멍
돌담에는 바람구멍

숨구멍 막힌 콘크리트 담장

제비의 고향

논도 연못도 사라지네
집터도 없어지네

돌아보고 돌아보는 돌바위골
내년에도 이곳에 발붙일 수 있을까

3부

반달

이슥토록
빈 가슴 채워주고

또랑또랑
반쪽으로도 넘치는 빛

홍매화

살포시 쌓인 눈 속
빨갛게 스며드는 핏물

아리다

맨몸으로 올라오는 봄의 상처

기다리는 봄

기다리는 봄 오지 않아

겨울 끝자락 끌어안으니

뿌리치며 떠난 자리

봄이 밀고 들어오네

---

* 제1시집 『빛을 물고 오다』에 수록.

노란 아우성

땅거죽이 들썩들썩
피부를 여는 푸른 창들

앞산에 생강나무
뒤뜰에 산수유

웃음 1

이빨 빠진 민들레
이빨 빠진 옥수수
이빨 빠진 장승

사람들 즐겁게 선웃음* 짓다 보니

---
* 우습지도 않은데 꾸며서 웃는 웃음.

웃음 2

소가 웃는다
찡그리며 웃는다

'어허 고놈 참'

젖퉁이 들이받는 송아지

웃음 3

가냘픈 눈꼬리
맑은 눈웃음
그 너머 한가득

바닷바람이 그리운 수족관의 돌고래

돌고래 훈련

한 번 솟구치면 한 마리
공중제비에 꽁치 세 마리

몇 번을 솟아올라야
한 끼 배를 채울까

세상이 열리다[*]

사방이 어두운 벽

톡톡

탁탁

깨어진 틈으로 마주친 엄마의 눈

---
[*] 제 1시집 『빛을 물고 오다』에 수록.

믿음

식구들이 보거나 말거나
먹이를 물고 오가는 어미

구멍 뚫린 콘크리트 블록
담장 속에 둥지를 튼 박새

벗님

손끝에 내려앉은 호랑나비
날개를 접었다 폈다
손등으로 손바닥으로 살금살금

꿀도 향기도 없는데

보아 주세요

벤치에 내려앉은 호랑나비 둘
마주보다 돌아보다
붙었다 떨어졌다 우리는 연인

예쁘나따나* 잘 보아 주세요

---

* 예쁘지만, 혹은 예쁘지는 않지만 등으로 쓰이는 경상도 사투리. '예쁘나따나 잘 보아 주세요'라고 하면 '예쁘니'라는 뜻이 된다.

한눈팔기

백일홍에 내려앉은 호랑나비
날개를 오므렸다 폈다
좌로 돌았다 우로 돌았다

뾰로통한 꽃의 시샘에도 나만 바라본다

불타는 엉덩이

엉덩이에 불붙은 반딧불이
끄면 켜지고 끄면 켜지고

똥줄 타서
밤새워 나는 거야

방아질

꼬리 붙은 채 하늘을 나는 잠자리
힘이 달리는지 공이에 내려앉는다

돌공이 쇠공이 나무공이
불끈불끈 힘을 받으려

옷을 벗다

색색으로 드러내는 알몸

살랑살랑 은근한 몸짓
광합성을 위한 춤사위

빨강 노랑 원색의 잔치판

허수아비

어서 와, 활짝 벌린 두 팔

빛바랜 모자 오랜 친구

고봉밥처럼 넉넉한 웃음

전망 좋은 참새들의 놀이터

노란 사랑

젖먹이 젖꼭지 깨물 듯
찌를 테야 투정하는 탱자나무

토닥토닥 감싸안은 햇살
가을빛에 동글동글 사랑 열렸네

별난 집세

지붕 밑 갈라진 틈
쉼 없이 오가는 날갯짓
천장 속에 아늑한 벌집

달콤한 현물로 세를 낸다

보금자리

한철 지나면 강남 가는데
침 섞어가며 차지게 지은 둥지

한겨울 된바람 몰아치니 알겠네
오들오들 추녀로 날아드는 참새들

4부

손맛

짜릿짜릿 팽팽한 긴장감
하늘 높이 치솟는 절정

풀었다 감았다
천당과 지옥을 오가는 연날리기

무에 좋아

싱글싱글 웃고 있노

동네 어귀 뻐드렁니 장승

오며 가며 웃으라고 그러제

이빨 빠진 싱건지 웃음

거북이걸음

언덕 위에 목마른 거북바위

도를 닦고 있나

바다가 코앞인데

언제쯤 목을 축이려고

작은 우주

은하수에 마주앉은 두 사람
성좌에 팔을 뻗어 별을 쥔다
검은 별 하나, 흰 별 하나

무릎 앞에 가로 세로 열아홉 줄

앞서거니 뒤서거니

석남사* 대웅전 오르는 계단
동심원을 그리는 풍경 소리
팔랑팔랑 앞서거니 뒤서거니

나보다 더 말씀이 그리운 나비

---

* 안성시 금광면 상중리에 있는 절.

개다리소반

'나 죽었소'

삼복더위에 다소곳이

머리 꼬리 떼어 낸
견공에게 밥상을 받는다

귀가 막히다

뚫려야 한다는데

긴 젓가락도 아니고

귀이개도 다 안 들어간다

아무래도 내 귀는 막혔나 봐

귀이개

소리를 지워 나간다

파르르 떨고 있는 울림
겹겹이 눌어붙은 잡념들

솜털에 묻어나오는 말의 부스러기

민둥머리와 모자

여섯 살 손녀와 밥상을 마주한 민둥머리

―할아버지 콩나물도 외출하나봐
―오잉?
―봐, 모자 썼잖아

자전차

갈지자로 기우뚱기우뚱

―어르신, 차도에서 그리 타면 우짭니꺼
―이 사람아, 자전차는 차가 아닌가
―예, 음주 측정하겠습니다

뭉치면 죽는다

물처럼 웃자라는 헛가지
티격태격 몸싸움하는 것들
뭉쳐 있으면 뎅강뎅강

농부의 과일나무 가지치기

흩어져야 산다

누군가는 사라져야 해
봄날 화단 소복한 꽃모

명 긴 놈은 이사 가고
홀로 있으면 살아남는다

밟아 주세요

제 등에 올라타고

두 발로 온몸으로
신이 나서 밟는 사람들

밟아야 살아나는 두 바퀴

머리카락

벽걸이 히터에 언 손을 내민다
손, 얼굴보다 뜨거워지는 대머리

찬바람 불면 외투
불볕 아래서는 그늘막

물

산꼭대기에 올랐을 때
마라톤을 완주하고 나서
사막을 걷는 여행자

말라붙은 저수지 죽어가는 고기들

외발 손수레

구불구불 울퉁불퉁

조붓하고 험한 길

기우뚱거리는 외바퀴

비탈진 삶을 다잡는다

열아홉 누나

담장 밑에 봉숭아 피었네

장독대에 걸터앉아
손톱 물들이는 열아홉 누나

수줍은 듯 옛날처럼 웃고 있네

구멍 낸 고무신

바닥아 떨어져라 돌바닥에 찍찍

빨리 떨어져야 엿 바꿔 먹는데
빨리 떨어져야 새 신 신는데

장날 멀쩡하게 때워온 아버지

커다란 고무신

찍찍 끌며 뻐기는 명구

—왜 그리 큰 신발을 샀나?

—크나 작으나 같은 값인데
  큰 게 고무가 많잖아

무관심

길 좀 묻겠습니다
어르신 짐 들어 드릴게요
같은 방향이면 타세요
우산 함께 써요

해설

4행에 담아낸 인정 미담과 애향의 시편

이승하(시인, 중앙대 교수)

 강성희 시인의 제5시집은 놀랍게도 4행시로만 되어 있다. 4행이 아닌 시가 단 1편도 없다.
 해설자가 해설문의 첫 문장에서 왜 '놀랍게도'란 수식어를 사용했는가 하면, 이번에 준비한 제5시집은 한동안 4행시를 집중적으로 써서 모은 일종의 기획시집이기 때문이다. 어찌하여 강 시인이 4행시에 매료된 것일까? 서정시학사에서 4행시로만 이뤄진 시집을 시리즈로 내고 있기에 여기에 들어가는 것은 그야말로 안성맞춤이 된다. 아닌 게 아니라 서정시학사에서 낸 4행시집을 여러 권 봤다고 한다. 그런데 서정시학사에서는 어찌하여 4행시 시집 발간 운동을 추진하게 된 것일까?

계간 『서정시학』은 100호째인 2023년 겨울호를 내면서 26명의 시인에게 4행시를 받아서 특집을 마련한다. 4행시 운동을 시작한 최동호 시인(주간)은 김달진 시인이 만년에 '소곡회한집小曲悔恨集'이라는 제하의 연작시 60여 편을 4행시로 선보였던 것을 기억하고 있었다. 소동파의 『적벽부』에 나오는 "망미인혜천일방望美人兮天一方"이란 인용구로부터 시작하는 이 작품은 멀리 있는 연인을 그리워하는 내용을 담고 있다. 이 4행시는 '소곡'이라는 단어처럼 노래의 원형이라 할 만하다. 자신이 4행시집 『생이 빛나는 오늘』을 냈고 이어서 이하석, 김수복 등이 4행으로 된 시만을 모아 서정시학사에서 시집을 냈다. 100호 특집에 대담의 자리도 마련되는데, 그 자리에 참석한 이들이 이런 말을 했다.

유성호: 페르시아 아랍군의 4행시는 아주 굳건한 전통도 있고, 한시의 전통은 당연히 해당할 테고, 우리로 치면 김영랑 시인이 비교적 자의식을 갖고 써온 것 같습니다.

이하석: 오마르 하이얌의 『루바이야트』는 워낙 잘 알려져 있고요. 동양의 절구들을 포함한 우리의 고대 시가들에 보이는 4행시 형태도 있겠습니다. 고대가요

로 범위를 넓히면 논의의 대상이 상당히 많겠지요. 특히 향가 중에서 노동요라던가, 「풍요」, 「헌화가」, 「혜성가」, 「구지가」 등에서 이야기를 시작할 수 있지 않을까 합니다.

최동호: 기승전결의 구조에서 묘미는 시가 완결되어 가는 과정에서 한 번은 '되집어져야 된다'는 데 있거든요. 평범하게 진행되는 악곡이나 시에서는 일반적으로 특별히 매력을 느끼기 힘드니까요. (중략) 4행이라는 기본 구조를 가지고 핵으로 놓되 미학적 완결성을 의식할 필요가 있지 않나 하는 생각입니다.

유성호와 이하석은 4행시의 연원과 역사를 말했고 최동호는 4행시의 창작 방법이 기승전결을 지향해야 하지 않나 하는 의견을 내놓는다. 4행으로 이루어졌다고 해서 4행시가 되는 것이 아니라 "시적 구조의 견고성"을 지녀야 한다며 4행시의 지향점을 제시하였다.

김영랑의 성취는 새삼스레 연구될 필요가 있다. 김영랑은 『영랑시집』에서 제목 없는 4행시들을 발표한 뒤 『영랑시선』에선 제목을 붙이고 배열을 조정하는 형식으로 이를 확장했다. 그는 음악성을 매우 중시했다. 김소월의 「엄마야 누나야」, 박목월의 「윤사월」, 박용래의 「저녁 눈」도 4행시다.

강성희 시인은 시집의 제일 앞머리에 4행시에 몰두하게 된 이유를 이렇게 밝힌다.

시간을 대패질한다

시詩의 말머리
깊이 박힌 옹이 하나

대팻밥처럼 쌓이는 말의 씨앗들
―「옹이 다듬듯」 전문

시간을 대패질한다는 것은 과거로의 여행을 하겠다는 뜻이다. 시의 말머리에 깊이 박힌 옹이(나무의 몸에 박힌 가지의 그루터기)를 계속해서 대패질하는 동안 대팻밥처럼 쌓이는 말의 씨앗들이 이 시집을 수놓게 될 시편들이라고 예고한다. 시인의 말도 한 편의 4행시다.

같은 듯 다른 날들

늘 새로워서 좋다

삶의 굽이굽이

메아리를 낚는다
> —「시인의 말」전문

  시를 쓰지 않았더라면 하루하루의 일상이 무미건조했을 것이다. 시를 쓰고 있기 때문에 삼라만상이 탐구의 대상이 되었고 같은 듯 다른 날이다. 게다가 삶의 굽이굽이에서 메아리를 낚을 수 있다. 메아리는 소리인데 그 소리를 녹음하여 활자로 전환시킬 수 있는 이가 시인이다. 자, 이제 시집 속으로 들어가 보기로 하자.

   지친 날개
   따라 내린 기러기

   곁에 있을게
   네가 날 때까지
> —「동행」전문

  기러기는 하나의 상징이다. 기러기가 날다가 지쳐서 쉬려고 지상에 내려와 있는 것이 아니다. 네(사람이다)가 쉬고 있을 때 나는 네 곁에 있다가 네가 다시 떠날 때는 동행하겠다는 것이다. 그 대상이 긴 머리를 갖고 있던 젊은 날의 이성 친구(「책갈피」)일 수도 있고 손잡고 세상 끝까지 갈 수 있는 연인(「연인의 걸음나비」)일 수도 있다. 같이 걷는 것만으로도 행복해하는 연인(「기찻길 2」)인데 어디를 못 가랴. 그리고 이어지는 시는 「부부」 연작이다.

두동베개

전쟁이 일어나도
불같이 끌어안아도

무대는 한 이불

―「부부 3」 전문

손발로 톡톡, 툭툭

살가운 몸짓
무심한 척 웅그리다가
와락 안아주는 이불 속

―「난방비 아끼려」 전문

두동베개란 갓 혼인한 부부가 함께 베는 긴 베개를 가리키는 순우리말이다. 이 시에서 시인은 부부가 일심동체임을 말해준다. 한 이불을 덮고 자지 않으면 즉, 일심동체가 되지 않으면 2세를 가질 수 없다. 이불 속에서 뜨거운 몸과 몸으로 만나면 방이 데워진다. "한 몸으로 이불 두르고/ 밤을 지새우는 셋방"(「셋방에서」)에서 살아가니 난방비에 돈이 들 리가 없다.

>   양팔만큼
>
>   한 뼘만큼
>
>   손톱만큼
>
>   귀기울이며 차이를 좁혀간다
>
>   ―「부부 4」 전문

  이 시는 부창부수夫唱婦隨를 표현한 것이다. 부부는 오랜 세월 같이 사는 동안 점점 닮아가서 나중에는 남매지간 같아진다. 한자어 배우자配偶者나 반려자伴侶者의 뜻을 생각해보자. 부부는 서로가 짝이라는 것이다. 젓가락이 하나만 있으면 사용하지 못하는 것과 같은 이치다. 부부는 그런 사이다. 이번 시집의 앞부분에는 이처럼 부부간의 살가운 정을 표현한 시가 많다. 그런데 2편의 시가 한순간에 수십 년 세월을 얘기해 준다.

>   벤치에 다소곳한 긴 머리
>   책갈피에 넣은 단풍잎 편지

유모차 밀고 나온 부부
아기 웃음처럼 내려앉은 은행銀行잎 통장
　　　　　　　　　―「가을볕 아래」 전문

마누라는 옆자리
아이들은 뒷자리

자동차 몇 번 바꾸었는데
어느새 아들놈이 운전석
　　　　　　　　　―「세월은 자리 이동」 전문

　이 2편의 시를 보니 왜 시인이 첫 번째 시로 "시간을 대패질한다/ 시詩의 말머리/ 깊이 박힌 옹이 하나// 대팻밥처럼 쌓이는 말의 씨앗들"을 삼았는지 알 것 같다. '타임머신'은 인간의 상상 속에서만 가능하다. 시간을 붙들어 둘 수는 없는 법이다. "뜨겁게 건너온 북어의 시간들"(「두들겨야 살아난다」), "고향으로 흐르는 초병의 시간"(「나무 시계」), "시간을 거스르는 송사리 떼"(「징검다리」) 등과 같이 시인의 시간에 대한 명상이 계속해서 이어진다. 시간에 대한 유명한 고사성어가 있다. 뽕밭이 푸른 바다가 되었다는 상전벽해桑田碧海. 즉, 세상이 몰라보게

달라졌다는 뜻이다.

> 청군 백군 500명이 달린다
>
> 100명이 달린다
>
> 전교생 10명이 소꿉놀이
>
> 풀들의 소꿉놀이
>
> ―「모교 운동장」 전문

 50년 전에는 청군과 백군 500명이 운동회를 했는데 100명으로 줄더니 이제 10명이 되었다. 그나마 폐교가 되니 운동장이 풀들의 소꿉놀이 장소가 되었다. 혹자는 너무 과장된 표현이 아니냐고 할 수도 있겠는데 농촌에 가보면 실제 그렇다. 분교는 다 사라졌고 초등학교가 통폐합하고 있다. 그런 학교도 다문화 가정 아이들의 비율이 해마다 늘고 있다.
 시인의 연구는 어느덧 시간 연구에서 공간 연구로 이어진다. 연구할 공간은 도시다. 5천년 농경사회가 60년대 도로 건설과 공업화, 70년대 공업단지 건설과 산업화로 전국 방방곡곡이 천지개벽한다. 전국의 초가지붕이 모두 슬레이트 지붕으로 바뀐 것도 이때였다. 자동차 없는 집이 없고 소비가 미덕인 사회가 된다. 특히 육류 소비가 늘면서 고혈압과 당뇨병 환자가 는다.

> 전선을 핑계로 멀쩡한 가지를
> 하수도 공사로 뿌리를 자르네
> 자동차 매연에 지끈거리는 머리
>
> 너라면 안 아프겠니?
>
> ―「하지 마」 전문

> 바다 건너 날아오는 황사
> 자동차와 공장이 뿜어내는 매연
>
> 폐수 똥물이 쏟아지는 물속은 어쩔까나
> 마스크도 눈을 감을 수도 없는 물고기는
>
> ―「물속의 황사」 전문

앞의 시는 대기 오염의 실태를 고발하고 있고 뒤의 시는 대기 오염과 수질 오염의 실태를 한꺼번에 고발하고 있다. 시인의 문명비판은 개발이 그나마 느린 경기도 안성에서 태어나 자랐기에 실감 나게 묘사할 수 있었던 것이리라. 50년 전 안성은 자연이 인간과 더불어 살아가던 청정한 공간이었는데 지금은 이곳도 자연이 인간에게 짓눌려 신음을 토해내고 있다. "검불처럼 미끄러지는 자동차"(「한겨울 터널」)와 "숨구멍 막힌 콘크리트 담장"(「담」)은 사람이 만든 것임에 자연을 간접적으로 훼손하고 있는 것으로 보았고, "멋대로 주입되는 인공 색소"(「장미」)와 "몸통 옭아매는 굵은 철삿줄"(「분재」)은 인간이 자연을 직접 해코지하고 있는 것으로 간주했다. 돌고래 쇼라는 것을 보라. 얼마나 잔인한 동물 학대인가. 우리는 그런데 그 광경을 보며 좋다고 박수를 치고 웃음을 터뜨리고 있지 않은가.

    한 번 솟구치면 한 마리
    공중제비에 꽁치 세 마리

    몇 번을 솟아올라야
    한 끼 배를 채울까
                                     ―「돌고래 훈련」 전문

  생명체에 대한 연민의 정을 갖고 있는 강성희 시인은 자연의 것을 자연에 두지 않는 것에 대해서 분노한다. "바닷바람이 그리운 수족관의 돌고래"(「웃음 3」)도 애처롭기 짝이 없다.
  표의문자인 한자는 글자가 뜻이 있는 것이 신기한데 스스로 自에 그러할 然도 그렇고 사람 人에 사이 間

도 그렇다. 자연은 자기네들이 알아서 살아가라고 그대로 두는 것이 제일 좋고 사람은 고립되면 안 되고 사람들 사이에서 지내야 한다는 것이 人間이란 낱말의 뜻에 담겨 있다. 그런데 오늘날 정치인들은 생태환경 문제에 대해 아무런 관심이 없는 듯하다. 네 편 내 편 갈라서서 무리를 지어 지내는 것은 좋은데 여의도에서 치고박고 말싸움을 매일 벌이는 국회의원 1인의 1년 세비가 1억 6,000만원이다.

 겉과 속이 빨간 토마토
 무늬만 빨간 사과

 여의도 사과밭 갈아엎고
 토마토만 한가득 열렸으면
       ―「사과와 토마토」 전문

 고줏대에 의지하여 돌아가는 맷돌

 집안도
 나라도
 줏대가 바로 서야
      ―「흔들리지 않는다」 전문

동네 반상회도 아닌데
   국민학교 동창회도 아닌데

   나라 운명을 결정하는 별들의 회의
   회의록도 없는 개소리괴소리
                          —「별들의 회의」전문

 이런 시를 읽으니 왜 이렇게 가슴이 후련한지 모르겠다. 그야말로 촌철살인寸鐵殺人이고 정문일침頂門一針이다. 우리나라는 정치만 잘 되면 다 잘 되고 정치가만 정직해지면 다 잘 굴러간다는 말이 있다. 겉 다르고 속 다른 사람, 줏대가 없는 사람, (지금은 그렇지 않지만) 밀실에서 작당해서 결정하는 군인들을 이렇게 후련하게 풍자한 시를 근년에 읽은 적이 없어서 가슴이 후련해진다.
 그런데 시인이 또 한 가지 안타깝게 생각하는 것이 고향 산천의 훼손이다. 자연과 더불어 인간이 살아갔던 그곳에 대한 기억이 지금도 또렷한데 그 시절의 고향은 사라지고 말았는가.

   논도 연못도 사라지네

   집터도 없어지네

4행에 담아낸 인정 미담과 애향의 시편

돌아보고 돌아보는 돌바위골

내년에도 이곳에 발붙일 수 있을까
—「제비의 고향」 전문

  시인의 고향인 안성 돌바위골의 경우만이 아니다. 농촌인구가 줄어들면서 폐가가 되는 시골집이 속출하는 것과는 반대로 시골에도 아파트가 들어서고 있으니 불균형도 이런 불균형이 없다. 농촌에 젊은이들이 없으니까 돌보지 않는 농지가 늘고 있는데 얼마 전에 트럼프 대통령의 압박에 농산물 개방을 결정했으니 대한민국의 농촌은 궤멸 일보 직전이다. 그래서 내 기억 속의 농촌 풍경과 아직 남아 있는 고향 언저리의 모습을 시의 카메라에 담기로 한다. 살아 숨 쉬는 생명체들의 모습을.

소가 웃는다
찡그리며 웃는다

'어허 고놈 참'

젖퉁이 들이받는 송아지
—「웃음 2」 전문

어미 소와 송아지의 모습을 그린 시이다. 송아지가 젖퉁이를 들이받자 어미 소는 아프지만 사랑스러우니까 찡그리며 웃는다. 이런 정겨운 풍경도 그리고 봄 경치도 그린다.

> 땅거죽이 들썩들썩
> 피부를 여는 푸른 창들
>
> 앞산에 생강나무
> 뒤뜰에 산수유
> ―「노란 아우성」 전문

> 살포시 쌓인 눈 속
> 빨갛게 스며드는 핏물
>
> 아리다
>
> 맨몸으로 올라오는 봄의 상처
> ―「홍매화」 전문

이런 풍경화도 한눈에 확연히 들어온다. 군더더기 낱말은 한 개도 없다. 4행이되 언어를 최소화해 시가 한눈에 바로 들어오게 한다. 이런 압축은 시의 장형화와

산문형으로 쓰기가 유행처럼 번지고 있는 우리 시단에 경종을 울리는 일이 아닐 수 없다.

이번 시집의 또 하나의 특징은 시인의 유머 감각이다. 짧은 시 안에 깃들어 있는 해학성은 강성희 시인만의 것이다. 「손맛」, 「흩어져야 산다」, 「밟아 주세요」, 「자전차」, 「민둥머리와 모자」, 「별난 집세」 같은 시에 나타난 해학성은 시를 직접 읽어보고 확인해야지 해설자의 췌사는 방해가 될 뿐이다. 시인은 식물의 세계를 파고들다 지치면 "꼬리 붙은 채 하늘을 나는 잠자리"(「방아깨」)나 "엉덩이에 불붙은 반딧불"(「불타는 엉덩이」), "백일홍에 내려앉은 호랑나비"(「한눈팔기」)처럼 곤충의 세계를 찬찬히 살펴보고 시의 화폭에 담기도 한다.

'나 죽었소'

삼복더위에 다소곳이

머리 꼬리 떼어낸
견공에게 밥상을 받는다

― 「개다리소반」 전문

개다리소반이란 상의 다리 모양이 개의 뒷다리처럼

구부러진 작은 밥상을 가리키는데 이름이 '개다리소반'인 것에 착상, "머리 꼬리 떼어낸/ 견공에게 밥상을 받는다"로 마무리해 미소를 짓게 한다. 바둑을 소재로 한 시를 보자.

> 은하수에 마주앉은 두 사람
> 성좌에 팔을 뻗어 별을 쥔다
> 검은 별 하나, 흰 별 하나
>
> 무릎 앞에 가로 세로 열아홉 줄
>
> ―「작은 우주」전문

　일본 기사 다케미야 마사키武宮正樹의 기풍이 호방하다고 하여 우주류宇宙流라고 하는데 이 시가 바둑을 작은 우주라고 했다. 바둑판은 은하수다. 바둑돌 함은 성좌다. 성좌에 팔을 뻗어 별을 쥐는데 한 절대자는 검은 별을, 다른 절대자는 흰 별을 쥔다. 이와같이 4행의 짧은 시 안에다 작은 우주와 은하수를 수놓을 수 있음을 보여주고 있다.

　경기도 안성이 낳은 시인으로 문학관이 세워진 조병화와 박두진이 있고 정진규, 임홍재 같은 시인도 있다. 여기에 이제는 강성희라는 이름이 추가되어야 하지 않을까 싶다. 그 이유는 방금 말한 4명 시인 중 지금까지

어느 누구보다 고향의 이곳저곳을, 고향 마을의 이모저모를 다루었기 때문이다. 앞서 낸 4권의 시집은 서사성이 있어 사실적으로 그린 반면에 이번 시집은 4행 안에 최소한 집약시켜 넣어 고향의 자연과 인심을 노래하였다. 안성의 과거지사와 여러 곳의 풍경을 지금까지 5권의 시집에 담은 강성희 시인의 작업은 끝난 것이 아니다. 앞으로도 안성은 시인의 손에 의해 훌륭히 복원될 것이다. 어찌 보면 안성이 복 받은 도시다. 철도와 지하철 선로가 놓이지 않아 개발과 건설이 느리게 진행되었다는 것이 반드시 나쁜 것이 아니었음을 해설자는 이번 시집을 읽어보면서 새삼 느끼게 되었다. 자연과 인간이 다투지 않고 함께 존재했던 땅, 사람이 사람 사이에서 人間이었던 안성에서 태어나고 자라 지금 시를 쓰고 있는 강성희 시인이야말로 안성을 빛낸 또 한 명의 시인이다.